読者のみなさまへ

　北海道の函館にあるトラピスチヌ修道院は、いまから120年近く前にフランスからやってきた修道女によって設立されました。言葉も文化も違う異国の地で、修道女たちは熊笹が生い茂る土地を少しずつ開墾し、この地に信仰と生活の礎を築きました。
　修道女は一生涯、聖ベネディクトの戒律のもと、神を賛美し、人々の幸せを祈る生活を送ります。日の出前の午前３時に起床し、神に祈りを捧げ、田畑に出て汗を流す。仕事を終えたあとふたたび祈り、そして午後７時には眠りにつく──。たとえ家族であっても修道院の中に入ることは許されず、それゆえわたしたちが修道院の生活というものを知る機会は滅多にありません。
　そんな修道生活の様子を、修道女が自ら描いたのが本書に収められたスケッチの数々です。これらのスケッチが描かれたのは半世紀も前のこと。描かれてから時間が経っていますので、紙は日に焼け、ところどころにしわも見られますが、あえて手を加えずに残してあります。また、絵にメモとして添えられていたり、絵の中に手描きで書かれていた修道女の文章は活字に起こしました。文章中の言葉遣いや表記については、当時の時代背景を伝えるため、原文のままとしました。ただし、ふりがなを適宜補いました。＊のついた言葉には、註釈をつけてあります。
　豊かで、温かく、そして明るい空気にあふれた修道院の生活をどうぞご覧ください。

編集部

天使園

「祈り、働け」の日々

天使の聖母　トラピスチヌ修道院

函館にある天使の聖母トラピスチヌ修道院は、カトリック教会の厳律シトー修道会に属し、1898年、フランス・ナンシー近郊のウプシー修道院から派遣された8人の修道女によって創立された、日本で最初の女子観想修道院です。厳律シトー修道会の修道院ならびに修道者は、日本ではトラピスト・トラピスチヌとして親しまれています。修道女は、Ora et Labora（オーラ エット ラボーラ）（祈れそして働け）の日々を通して、人々と連帯しています。

　このスケッチ集は、1960年代から70年代にかけて一人の姉妹が描いた、私たちの修道生活の毎日の営みです。フランス人と日本人が共に生活し、修道女たちの中にも、歌隊女（かたいじょ）と助修女（じょしゅうじょ）という二つの区別がありました。また、高度成長期という当時の日本社会の許で描かれています。

　私たち修道女は、観想生活といって、禁域という囲いの中で一生涯、神様とだけ生活します。その仕事は、神様のみ業を賛美し感謝すること。でも私たちの心の中には、世界中の人々がいて、いつも一緒に生きています。なぜなら、神様は一日中、世界中のひとりひとりを見守り、守護の天使を送って導いたり、助けたり、教えたりしていますが、殆どの人はそれに気づきません。私たちは人々に代わって、この神様のお働きを讃え、感謝し、人々の必要や祈りを神様に取り次ぎます。それゆえに修道女の仕事は、目には見えない"神秘"であるとも言えます。けれどこのスケッチ集はある意味で、神様の中で生きている、世界中のひとりひとりの生活の"神秘"を描いたものなのかも知れません。

2016年3月
天使の聖母トラピスチヌ修道院
セシリア青木秀子修道院長

玄関

シトー会*の修道院は
世界のどこに　あるとしても
天のみ母に　皆ささげられ
マリア様の家と　なってます

日本のはての　湯の川*の
このなつかしい　修道院は
天使の元后に　ささげられ
天使園と　よばれます

トラピスチヌ天使園

日本ノ　ホクタン　ホッカイドー　ノ
ハコダテ　ノ　サキ　ユノカワニ
トラピスチヌ　ノ　シュードーイン

トオイ　フランス　ノ　オクニ　カラ
シュージョ　ガ　シュージョ　ガ　ツイタ　ノ　ワ
イマ　サル　ハルカ　一八九八ネン

ニド　ノ　カジ　ニモ　センカ　ニモ
ウチヒシガレズ　ゲン　ト　タツ
セイソ　ナ　スガタ　タノモシイ

七〇ヘクタール　ノ　カコイ　ノ　ナカニ
ヒャクニン　チカク　ノ　シュードージョ
ヨ　カラ　ミ　ヲ　ヒキ　カミ　ト　トモ

カタイシュージョ＊　ワ　セイドウ　デ
セイム＊　ノ　ツトメ　八ジカン
ニワ　ノ　シゴト　ワ　四・五ジカン

ジョシュージョ＊　ワ　ツツマシイ
カジ　ニ　ハタケ　ニ　ヒ　ヲ　スゴシ
セイム　ワ　ミジカク　カルイ　モノ

カミ　ノ　サカエ　ト　ヨ　ノ　スクイ
ヒタスラ　モトメ　カンソウ　ニ
チンモク＊　クギョーニ　ミ　ヲ　ユダヌ

トラピスチヌ　ノ　セイカツ　ニ
メサレシ　サイワイ　ハ　トコシエ　ニ
カンシャ　ノ　スベ　ヲ　シラヌ　ホド

トラピスチヌ 天使園

トラピスチヌ 天使園
日本ノ ホクタン ホッカイドーノ
ハコダテノ サキ ユノカワニ
トラピスチヌ シュードーイン
トオイ フランスノ オクニカラ
シュージョガ ツイタノワ
イマ サル ハルカ 一八九八ネン
ニドノ カジニモ センカニモ
ウチ ヒシガレズ ゲン ト タツ
セイソウ ナ スガタ タノモシイ
七〇ヘクタールノ カコイノ ナカニ
ヒャクニン チカクノ シュードージョ
ヨウカラ ミヲ ヒキ カミ ト トモ
カタイ シュージョ ワ セイドウデ
セイム ノ ツトメ ハジカン
ニワノ シゴトワ 四五ジカン
ジョ シュージョ ワ ツツマシイ
カジニ ハタケニ ヒラスゴシ
セイム ワ ミジカク カルイモノ
カミノ サカエト ヨノ スクイ
ヒタスラ モトメ カンソウニ
チンモク クギョーニ ミヲ ユダヌ
トラピスチヌノ セイカツニ
メサレシ サイワイハ トコシエニ
カンシャノ スベヲ シラヌ ホド

天使園

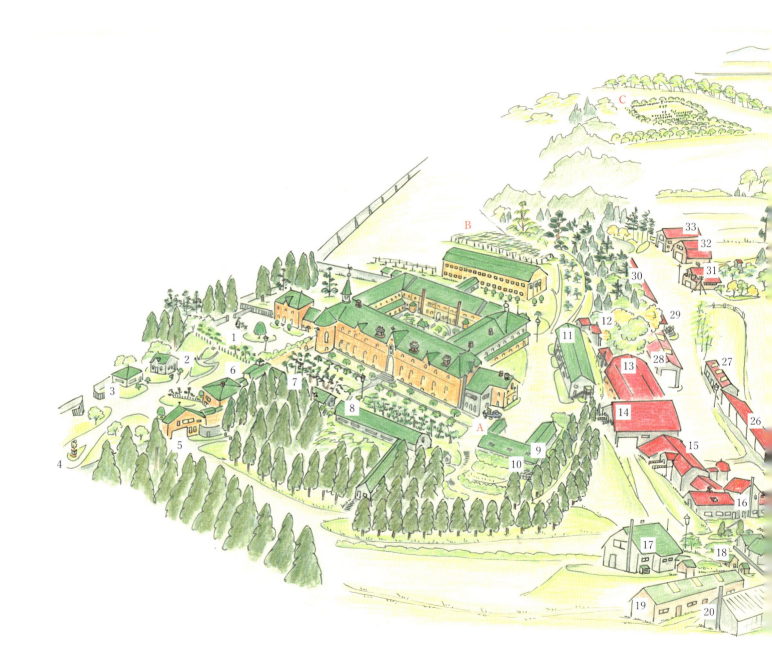

私たちの隠居生活の魅惑
それは　そこに溢れている神の現存である
　　——総長　D・ガブリエル・ソルテー——

1	神父様	20	野菜温室
2	売店	21	手洗い
3	休憩所	22	石炭置き場
4	聖ミカエル像*	23	物置（旧長澤さん宅）
5	通用門	24	種牛つなぎ場
6	受付	25	物置（旧佐藤さん宅）
7	飴工場	26	堆肥場
8	飴入れ室	27	農具の物置
9	更衣室	28	寝藁*小屋
10	花の温室	29	鶏舎
11	洗濯所	30	車庫　農機具
12	サイロ1	31	旧馬舎　まもなく鶏舎
13	牛舎	32	トラクター車庫
14	機械場	33	大工・木小屋
15	子牛舎とその二階		
16	ミルカー*洗い場と宿舎		
17	チーズ工場	A	厨房に野菜を運ぶ
18	物置（旧五右衛門風呂）	B	ぶどう畑
19	野菜畑物置	C	墓地

左）受付*の姉妹の運転で病院へ。
チーズやの姉妹が牛舎・牛乳の処理場から
二人で輸送缶を運んで来るところ。

中央）穀類（小麦など）を脱穀したあと、
好天のとき広げて干します。
何日か繰り返してよく乾燥させてから収納します。

右）浜の門のそばの畑の草取りと、
トラクターに乗った歌隊女*の応援組です。
野菜畑の手入れもしています。

晴天のお昼も近いころです。
遠くの畑では大勢の姉妹たちが牧草を広げ終わり、
裏返しをして乾きをよくしています。
馬も遠くで活躍しています。

左の小さい畑では、年長の姉妹たちが"いちご"摘みをしています。

サンタクロースのような姉妹はお洗濯係の姉妹です。
洗濯所に……。

三輪車には、おいしいお弁当を積んでいます。

a 状況報告に帰って来た責任者（監督さん）
b 大院長様と副院長様
c 受付の姉妹。外出のついでに荷物を乗せて……。

大地の恵み

大豆の種蒔き

春まだ浅い　団助畑*　総出の大豆蒔き
トラクターが運ぶ肥料と種大豆

肩にかけた肥料の箱から一握りとっては
馬のつけるすじをたよりに
煙突のような道具で肥料を蒔いて行く

粒選り大豆　前掛けに取り
春風きって　蒔いて行けば
次の一隊　畑くわ取って　せっせと
土をかけて行く

ようやく雪の解け去った
静かな　静かな　大自然

生命包む　大地の中に
死して芽を出す　その日まで
豊かな実り　祈りつつ
神のみ手に　委ねます

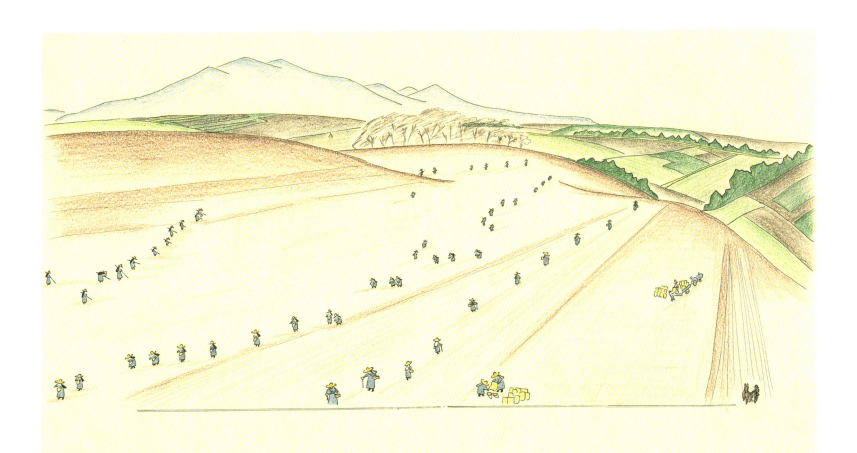

天使園

稲の苗取り　5月の末

修道院総出の大仕事。
そっと　にぎとって　ザブザブ洗い
土をおとして束ねていきます。
かごに集めて　重い重いかご
田んぼまで運びます。

陸苗(畑に作った稲の苗)

この苗は水がないので
根をいためないようにスコップで
土ごとおこし抜きます。
土を落とし　束ねます。

遠くでは　鶏たちが
暖かい陽ざしの中でコッコッコ

右手)はしに農機具置き場と　修理場の煙突

田植え

二人の姉妹がエブリ*を使って、
勇ましく波を立てて田を平らにしています。

職人さんが、平らにした上に、
苗を植えるためのすじをつけていきます。
担いできた篭(かご)の苗を、ほどよく田に配り投げます。
一人がすじを5本くらい受け持って、横に並び、
曲がらないように植えていきます。

仕事を終えて帰って来る歌隊修道女。
遠くでは、助修道女*たちが野菜畑の世話や
田の草取りをしています。

ひばりが歌う　大自然の中　広い広い畑の草取り
早い姉妹は　遅い姉妹を手伝い
そんな姉妹愛の中で続けられる労働です。

汗と感謝に濡れて　祈りをつまぐり*
姉妹の行列は　帰途につきます。
沈黙の賛歌のうちに。

着きました。篭や畑くわを片付けて
埃を払い　長靴を洗い　着替えて
夕べの祈りへと　続きます。

祈りと働きの恵みの生活

雨合羽

雨の日はこれまで
"みの"でした。

ビニールの雨合羽と
帽子をいただき
ビートの補植*から
帰ってくるところです。

後には紙ポットで苗を作り
カラスの口ばしという道具で
牛用のビートを広い畑に植えます。

大院長様にお仕事の状況をお知らせしている
Sr. ルトガルダとSr. テオファナ*です。

遠い畑の仕事え勢ぞろい

夏期の畑の大仕事
歌隊女　助修女　皆　一ッショ
トラクターに　つめこんで
走る車の　道すがら
畑を世界に　なぞらえて
布教熱は　もえ上る

"遠い畑の仕事え 勢ぞろい"

夏期の畑の大仕事
軟隊女 助修女 皆一ッショ
トラクターに つめこんで
走る車の道すがら
畑を弔辞にまぞらえて
布教熱は もえ上る

天使園

デントコン* ノ ウタ

1 ノビタ ノビタ ヨ サイロ ノ デントコン
　　　　　マスール セリナ* ノ サンバイ ワ アル
　モーソーダケ ニ ハガ デタ ヨウナ
　　　　　カマ デ キリトリ 五ホン ワ モテヌ
　ミゴト ナ ミノリ モ アリガタ スギル
　　　　　オモイ ヨ オモイ ソレ ドッコイサ

2 コトシ ワ ハルカラ マエカケ ツケテ
　　　　　ママサマ* オデマシ クサトリ ニ マデ
　ヤマ ナス シゴト ツクエ ニ ツンデ
　　　　　キョー モ イッショ ニ サイロ ノ シゴト
　オテ モ オカオ モ オムネ ノ アタリ
　　　　　ドロアソビ シタ ボーヤ ノ ヨーヨ

3 アメ モ ツカレ モ オカマイ ナシ ニ
　　　　　タイフー マケルカ ヤラセル モノ カ
　ビニール カブッテ ママサマ インチョーサマ
　　　　　ベルト ガ アメ ニ ダダ ヲ コネリャ
　ズブヌレ シマイ ハ ションボリ イノル
　　　　　ユルンダ マエカケ オシメ シマショ カ

4 コンナニ オモイ ダイサギョー デモ
　　　　　シマイ ミンナ ノ イッショ ノ シゴト
　ソノ ウエ ママサマ キテクダサレバ
　　　　　ココロ ニ ヨロコビ ウデ ニワ チカラ
　ナント ウレシイ オササゲ デ ショー
　アイスル ママサマ バン バンザーイ。

牧草つみ

お山の大将　大わらわ
長柄のフォーク*に　グンとつきさし
ささげるほし草　とりあげて
今日はつみあげ　明日又ひらく
重いたのしい　大苦行

働かざるものは　食うべからず
世ち辛い　世の中に
御布施と祈りじゃ　暮らしてゆけぬ
額いに汗して働けば
心も体も強くなる

牧草 つみ

お山の大将 大ひわり
長柄のフォークに グンとつきさし
さしあげ けけ草
今日もつみあげ 明日又 ひらく
重たい 干革行

ゆかずとも 食えかず
女の手に 女の中に
御布施と 祈りにゃ 暮らして ゆけぬ
額に 汗して ゆければ
心し休も 強くなる

天使園

馬が動くと車の上の姉妹が落ちるので、
馬をあやしています。
また、牧草が道にこぼれないように
フォークであらかじめ落としておきます。

刈草かくし

夕陽は沈む　臥牛山（がぎゅうざん）*
人影暗く　ぼけるまで
きれいに乾いた　牧草を
かいて　あつめて　つみ上げる
祈りと　仕事の　一日の
終りを　告げる　アンゼラス*
あたりの　空気を　ふるわせる

恵みの秋

左）消毒ポンプの練習をして帰って来た二人の姉妹。
稲刈りも済み、稲を塔のようにしたり、ポプラに木をわたして
塀のようにしているのは稲を乾かすためです。
石塀の向こうに見える稲の塔も天使園の土地のものです。
岩谷さん（従業員）が種牛に散歩をさせています。

中央）手前では、落ち穂を拾っています。
中央中頃の5人の姉妹は、干し場で、収穫した穀類を干しています。
大院長様に出会った受付の姉妹が車を止めてお話し……。
牛舎前の堆肥も見えます。

右）ここでは、稲の塔を作っています。
向こうに鶏舎が見えます。中央に青草を積んで帰るトラクターの姉妹
たちがのどかに見えます。
運動場に出された牛たち。
小牛たちは人なつっこくよって来ます。

小麦刈り

実った小麦　あるいは燕麦＊(動物用)が、
雨風で倒れ、機械で刈れないところは手で刈りました。
"団助の畑"といわれる囲外＊の広い広い畑……。

小麦の脱穀

厳しい仕事。
積み上げた小麦を引っ張り出し、
マスクをした姉妹が脱穀機にほどよく流していきます。
技術がいります。
大変な埃……。左に実と藁が別々に出てきます。
藁はねわらのために運んでいきます。

稲の塔つくり

10月にはいりますと稲刈りがあり、その後、
半乾きの稲を塔のようにしてよく乾かします。
雪の降る頃、運び入れて稲の脱穀をします。

馬鈴薯掘り
ばれいしょ

"浜の畑"といわれる囲外の大きな畑です。
1965年　堀機は馬をやめてトラクターに付け、
掘るようになりました。
少し雨に降られた後、素晴らしい虹が空を彩りました。

何年か後には、"堀機"が変わり、飛ばさず
畝の上に載せて行くようになりました。
うね

大根干し

ほほつく風の　つめたい冬の日
木枯らしおとした木の枝に　見なれぬ白い花が咲く
若い姉妹は身も軽く　仲よく仕事は円滑に
み神の愛のためならば
寒さも　疲れも　なんのその

小さないのちと

前ページ）

小さい動物

玉子もほしい　毛もほしい
動物かえば　可愛らし
子供は　親に　したいつく

天つみ神の　限りなき
み親の愛に　目がうるむ

羊（ヒツジ）

インド　ノ　ウマレ　カ　クロヒツジ
トラピスチヌ　ノ　ジョシュージョ　ノ
トニカ*　スエーター　クツシタ　ニ
ツメヌ　ケイト　ワ　イロ　サメヌ

ドーブツ　アツカウ　シマイ　タチ
母（ハハ）ノ　ココロ　デ　カワイガル
シマイ　ノ　スガタ　ハルカ　ニ　ミル　ト
ヒツジ　モ　ウサギ　モ　ヨッテ　クル

牛舎の草刈り

青草刈って　つみあげて
馬車追い帰る　その道に
浮ぶ修院　美しい

ああ　私たち神様の
お家の　小さい　子供たち
世界に　まれな　しあわせ者よ！

豚舎

くさい　ブタ屋に　大満足で
心をこめて　働く姉妹
仔豚よ　おいで　洗ってあげヨ
人に知られぬ　犠牲の中に
謙遜の谷　愛の山
徳のたかねに　たどりつく

仕事の合い間

囲いのそばの　遠くの畑
合図で仕事の手を休め
馬ちゃん　おまえも　おあがりよ
先きの仕事は　まだまだだから

空にも　海にも　野辺の草にも
あふれる　神の　いつくしみ
おのづと　湧き出る　なごやかな
讃美に　心は　とけてゆく

牛の散歩行

牛が散歩に　でかけるところ
お胸に十字架　前かけつけて
大院長さまも　おでましで
何と可愛い　仔牛ちゃんと
ポプラはサラサラ
あたりは　みどり

牛舎

牛舎の時計が十時をうつと
おしりのとがった母さんは
ミルカーが来るのを待っている

陽の小さいベビちゃんは
バケツが来るのを待っている

係の姉妹は道具をもって
自分の持ち場にいそいそと

「聖なる扉」を開けて

神秘の扉

禁域の入口の門があけられるのは、教会の最高位の聖職者であられる
枢機卿*か国家の元首という特別の貴賓に限られています。
その他は（たいていの場合）志願者を入れるために開かれるだけです。
それでこの門が開かれるのは入る方のためにも迎える人々のためにも大きな喜びです。
それ以外には二重の鍵ばかりでなく、セメントででもぬりつぶしたいものと考えるほど、
囲壁は修道女のためにありがたいものなのです。
何故というに、この禁域制のおかげでこそ足を地につけ社会の中に住みながらも、
完全な隠遁の中に天上的生活を送ることが出来るからです。

しかも囲壁の内部は美しい海や山を遠くにのぞませるばかりでなく、
歩いても歩きつくせないほどの広さをもっています。

神秘の扉

禁域の入口の門があけられるのは教会の最高位の聖職者であれる枢機卿か、国家の元首とか、特別の貴賓に限られています。その他は―丈でいの場合―志願者を入れるためにひらかれるだけです。それでこの門が開かれるのも、入る人々のためにも、迎える人々のためにも、大きなよろこびです。それ以外には二重の鍵のかたく閉ざされた極、囲壁は修道女のために有がたいものです。何故かというと、この禁域制のおかげでこそ、足を地につけ、社会の中に住みながらも、完全な隠退の中に天上的生活を送ることが出来るからです。

―かも、囲壁の内部は、美しい海や山を遠くにのぞませるばかりで、広く歩いても歩きつまつたとしたほどのひろさをもつています。

天使園

内庭

ペンキ塗りの鬼瓦
小屋根の下のブロンズの
聖心像*の　み足もと
信心こめて　花つくり

私の心に　いますよう
世の人々の心にも
主は王として　ましませと
心をこめて　祈りつつ

花ツクリ

ゴミサ　ササゲル　サイダン　ニ
キレイ　ナ　ハナヲ　カカサジ　ト
オハナ　ツクリ　ノ　メイジン　ガ
タンセイ　コメル　ハナバタケ

シューイン　マエ　ノ　ヒアタリ　ノ
ドテ　ニ　ヨセタ　オンシツ　ニ
ハル　ナツ　アキ　フユ　ハナ　ノ　カオ
キレイ　ナ　エミ　ヲ　ミセテ　イル

オハナ　ワ　ヨイモノ　オメグミ　ヨ
サビシイ　ココロ　ヲ　ナグサメ　テ
カミサマ　ノ　アイ　ココロ　ニ　ササヤク
ビョーニン　タチ　ノ　マクラ　モト

トラピスチヌ　ワ　オハナ　ノ　ヨウニ
カンシャ　ト　アイ　ノ　エミ　タタエ
カミ　ノ　ミモト　ニ　ミ　ヲ　オイテ
サンビ　ノ　ツトメ　ニ　イノチ　ヲ　ササグ。

花ツクリ　天使園

ゴミサ　ササゲル　サイダンニ
キレイナ　ハナヲ　カカサジト
オハナツクリノ　メイジンガ
タンセイ　コメル　ハナバタケ

シューイン　マエノ　ヒアタリノ
ドテニ　ヨセタ　オンシツニ
ベル　ナツ　アキ　フユ　ハナノ　カオ
キレイ　ナ　エミヲ　ミセテ　イル

オハナ　ワ　ヨイ　イモノ　オメグミヨ
サビシー　ココロ　ヲ　ナグサメテ
カミサマノ　アイ　ココロニ　ササヤク
ヒョーニン　タケノ　マクラ　モト

トラピスチヌ　ワ　オハナノ　ヨウニ
カンシャト　アイノ　エミ　タタエ
カミ　ノ　ミモトニ　ミヲ　オイテ
サンビ　ーツトメニ　イノチヲ
ササグ。

Sr.マダレナ

育成

白いベールの修練女*
決定的の約束までに
長い試練の期間を通り

ベールは黒く代っても
死ぬまで　入ったそのときの
心でゆくこそ　かなめごと

讃美の犠牲

主よ　この救霊*の　カリス*を　御身に捧げ
御慈悲　に　願いまつる

願わくは　これが　甘美な　香りを　放ちつつ　我らと　全世界の　救いのために
主の　御威稜*の　御前に　立ち昇らんことを　アーメン。

ミサ！
キリスト様とその肢体である全人類の共同の奉献なのです
ミサは私たちの生活の中心であり　私たちの一日は　その働きもお祈りも
キリスト様の犠えに一致して　父なる神様に捧げられるところの　讃美の犠え　継続したミサなのです
その絶頂は　毎朝捧げられる祭壇上の御ミサなのです。

讚美の犠牲

主よ この救霊のカリスを御身に捧げ
御慈悲に願いまつる

願わくはこれが芳香を放ちつつ我らと全世界の救いの為に
主の御威徳の御前に立ち昇らんことを アーメン。

ミサ！
キリスト様とその肢体である全人類の共同の奉献をります ミサは私たちの生活の中心であり
私たちの一日はその初めもお祈りもキリスト様の犠牲に一致して父なる神様に捧げられるところの
讚美の犠牲と継続したミサまつりです その絶頂は毎朝捧げられる祭壇上の御ミサまつりです。

天使園

祈り

しずかな祈りの　ひとときは
こよなく楽しき　いこい時

壁にならぶ聖画の下に
主の御苦難をしのびつつ
はては　聖堂の　ランプのもとに
神と交る　天のひととき

壁にまつらふ 聖画の下に
主の御苦難を しのびつつ
はては 聖堂のランプのもとに
神と交る 天のひととき

祈り
しずかに祈りの ひとときは
こよなく 楽しき いこい時

天使園

一時課*の聖務

茶色の合羽*に　身をつつみ
しづかに入る　おみどうに
何か　心が　躍るのは
マリア様の　祝い日だから

耳になれた　聖務の歌に
心合わせて　み母をたたう
トラピスチヌの　特別好きな
聖母マリアの　お祝い日

洗足式

毎週土曜日、終課*の読書が終わると
その週の食堂の給仕は次週の給仕と一緒に
姉妹たちの洗足を行いました。

聖木曜日*には、修道院長が数人の姉妹の補佐で、
共同体全員の洗足を行います。
福音と戒律によります。

祈りと働き　喜びと苦しみ
心を尽くし　霊を尽くし　力で尽くし
神様の愛のため捧げた一日は　聖堂に集まり
聖母の御像を仰ぎながら　全員一同で謹んでうたう
サルベレジナ*のお祈りの
おごそかな　しかも　しんみりとした
余韻の中に　閉じられてゆきます。

食堂

苦業で名高い　トラピスト
朝は断食　お昼は粗食
一体何を　食べるかと
好奇心は　動くでしょ

代りがわりの　週番で
皆が給仕の　食卓で
御飯をくばり　お茶を入れ
不足はないかと　見てまわる

読書の声を　きき乍(なが)ら
ナザレトの家*　思いつつ
つつましくとる　食卓の
皿のリンゴは　頰の色

食堂

苦業で名高い トラピスト
朝は断食 お昼は粗食
一所けん命 食べようと
　　　　　 好奇心に
代りがわりの 廻番で
皆が給仕し 食卓で
御飯をくばり お茶を入れ
不足はないかと 見てまわる
読書の声を ききつつ
ナザレトの家 思いつつ
ツツましくとる 食卓の
皿のリンゴは 頬の色

天使園

しん室

並んだカーテン　広い　しん室
皆　一緒で　ありながら
一人ひとりは　区切られて
しづかにねむる　修院の夜

足音　しのばせ　咳　おさえ
友のねむりに　気をつかう
鐘の一打に　はっと起き
急にいきづく　修院の夜

バター飴づくり

トラピスチヌ　ノ　バターアメ

1　オナベ　ノ　シタ　ニ　モエル　ヒ　ワ　　レンゴク　ノ　ヒ　ヲ　オモワセル
　　クルシミ　ノ　ルツボ　トーラネバ　　トク　モ　カタクワ　ナルマイ　ト

2　ウッカリ　サワル　ト　ヤケドスル　　アツイ　アメ　ヲ　テギワ　ヨク
　　キカイ　ニ　カケテ　ネリコメ　バ　　キイロイ　アメ　ガ　シロク　ナル

3　ミゴト　ナ　キカイ　ヲ　ナガレ　デル　　アメ　ヲ　イソイデ　キラナイ　ト
　　アト　ガ　タマッテ　ダラリンコ　　ソラ　デタ　ハヨ　キレ　ハヨ　トレヨ

4　ベツ　ノ　ヘヤ　デワ　アメヤサン　　イレテ　ハカッテ　クチ　ヲ　トジ
　　チイサナ　カード　ソット　イレ　　ホーソー　シマッテ　ツミアゲル

5　ココロ　ヲ　コメタ　シュードージョラ　ノ　　イノリ　ト　ギセイ　ノ　コノ　ミノリ
　　カミ　ノ　サカエ　ニ　ツクセヨヤ　　トラピスチヌ　ノ　バターアメ。

トラピスチヌ ノ バターアメ

1. オナベ ノ シタニ モエル ヒバ レンゴク ノ ヒョウ オモワセル
クルシミ ノ ルツボ トララネバ トク モ カタク ワ ナルマイト

2. ウッカリ サワル ト ヤケド ヌル アツイ アメヲ テギワ ヨク
キカイ ニ カケテ ネリコメバ キイロイ アメガ シロクナル

3. ミゴト ナ キカイ ヲ ナガレ デル アメヲ ソイデ キラナイト
トガ タマッテ グララリンコ ソラ デタ ハヨ キレ ハヨ トレヨ

4. ベツ ノ ヘヤ デワ アメヤサン イレテ ハカッテ クチヲ トジ
チイサナ カード ソット イレ ホーソー シマッテ ツミ アゲル

5. ココロ ヲ コメタ シュードージョラ ノ イノリ ト ギセイ ノ コノ ミノリ
カミ ノ サカエ ニ ツクセヨヤ トラピスチヌ ノ バターアメ。

1958年　天使園のバター飴は生まれました。
その頃は規模も小さく、飴をチョッキンチョッキンはさみで切ったり、
熱くて重くて、くっつくと飴と格闘して、たびたびやけどをしながら、
皆様に喜ばれる飴に成長しました。

1　三つの大きなお鍋がグラグラ煮えたぎっている。
　　飴、お砂糖、そしてバターがよくまざり、
2　150度にも煮あがった飴を冷却盤にあけて手際よく
　　冷やします。冷え過ぎないように、たまった飴は電気
　　で温めておきます。
3　今度はひき飴機にかけ、カッタンカッタン凄い力！
　　みるみる黄色い飴は白くなる。
4　バッチローラに入れられ、右にグルグル、左にグルグルのばされて
5　サイジングローラをくぐり
6　カッターでひと粒ひと粒型をつけられ、くさりのように仲良くつながって
次ページ）
7　涼しい風の吹くコンベアーの長い旅。
8　よい気持ちで乗っていると、突然ガッタン、ゴットン、
　　前に後ろにゆられて3段がまえのふるいに落ちていく。
　　そこでわたしたちは　ポロポロにされ、
9　ぐるり、ぐるり、黙々と大きな体を回しているドライに入れられ、
　　お互いにくっつかないように回っています。
10　仲間がみんなそろうと、蜜と砂糖にまぶされ、
　　湿気に耐える身ごしらえをします。
11　おやおや　もう一度ふるいに乗せられ、

† HISTOIRE DES BONBONS AU BEURRE DE TENSHIEN
NOUS SOMMES NÉS EN 1958 À TENSHIEN.
EN CE TEMPS-LÀ, NOUS ÉTIONS PETITS ET LES SŒURS N'AVAIENT
QUE DE PETITS MOYENS, AINSI, POUR NOUS SÉPARER LES UNS
DES AUTRES, ELLES N'AVAIENT QUE DES CISEAUX, NOUS ÉTIONS
CHAUDS ET LOURDS, COLLÉS ENSEMBLE, LES SŒURS TAPPAIE

fort pour nous décoller, elles se faisaient bien des brûlures, mais elles offraient cela pour obtenir des grâces à ceux des visiteurs qui les achèteraient.

① Il y a trois grosses marmites pour nous cuire, on y met du sucre et de l'eau, du beurre puis du glucose, on mélange bien.

② Quand nous sommes chauffés à 150 degrés, on nous jette sur la table réfrigérante. Là on nous tourne et retourne jusqu'à ce que les sœurs nous prennent dans leurs bras et nous portent à la tortionneuse.

③ Oh!! cette machine!! elle nous tire et nous étire jusqu'à ce que de jaunes que nous sommes, nous devenions blancs. C'est très douloureux mais nécessaire nous dit-on. Alors fiat-fiat....

NOUS JETTE
ETOURNE
RS BRAS ET

E JUSQU'À
ONS BLANCS.
T-ON, ALORS

④ DEVENUS BLANCS, ON VA NOUS METTRE DANS UNE GRANDE MACHINE, QUI, EN NOUS TOURNANT NOUS ÉCRASENT POUR NOUS AMINCIR.

⑤ DEVENUS TOUT MINCES ET BIEN RONDS, NOUS PASSONS EN GRANDES BANDES SOUS UN COUPERET, CHACUN REÇOIT SA FORME SANS RIEN DIRE ET SORT DE LÀ, …

⑥ NOUS SORTONS ENCORE UN PEU COLLÉS LES UNS AUX AUTRES POUR UNE GRANDE PROMENADE … QUEL BONHEUR!!' UN VENT FRAIS NOUS RAFFERMIS ET NOUS RÉCOMPENSE DE TOUTES LES SOUFFRANCES ANTÉRIEURES.

⑦~⑧ QUEL BEAU VOYAGE!!! QUAND SUSITEMENT. ON NOUS SECOUE DE GAUCHE À DROITE. DE DROITE À GAUCHE, D'AVANT EN ARRIÈRE ET NOUS TOMBONS TOUS EN MORCEAUX SUR UNE GRANDE PLAQUE.

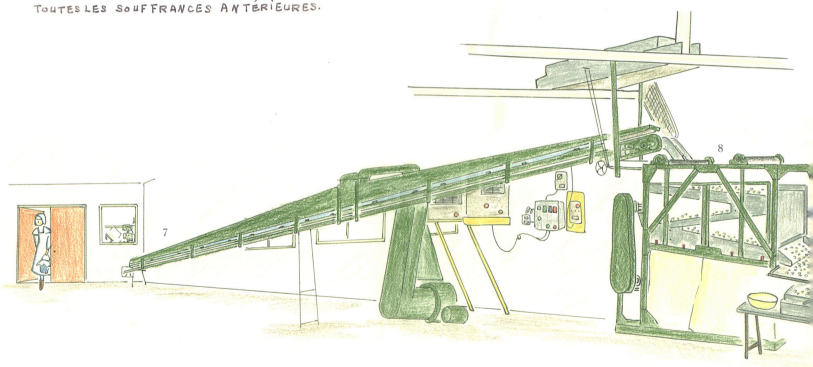

ON NOUS SECOUE VIGOUREUSEMENT AFIN QUE NOUS NE NOUS ATTACHIONS PLUS ENSEMBLE.
ENSUITE, ON NOUS MET DANS UN CYLINDRE AVEC UN PEU D'EAU SUCRÉE ET L'ON MET LA MACHINE EN MARCHE, ELLE TOURNE-TOURNE ET NOUS SECOUE BIEN FORT JUSQU'À CE QUE NOUS SOYONS BIEN BRILLANTS.
MON DIEU-MON DIEU!! ON NOUS RETIRE DE LÀ POUR NOUS METTRE DANS UN PANIER-FILTRE, ON NOUS SECOUE ENCORE AFIN QUE TOMBE TOUTES NOS IMPERFECTIONS. ENSUITE ON NOUS NMÈNE DANS LA CHAMBRE FROIDE.

次ページ)

12　今度はお隣のクーラー室へ。
13　お茶箱からあけられて、ここは飴入れ室。
　　計量機の大きな背中だった。
　　細いテーブルにグループ　グループに分けられ、
　　乗って上がったり下がったり、
　　どこをどのように通ったのか、気が付いてみると
14　袋を構えて待ちかまえている姉妹のところへ　ストン。
　　次々に　ストン。ストン。
15　形のよくないものは、つまみ出されてＮＥＴ*を確かめ
16　粘着機で封をして
17　袋のデコボコは平らにされて
18　いよいよ缶に入れられ、しおりをそっとのせ、
　　美しい天使園のふたをする。
19　カンシラーで密封されて出来上がり。
20　いよいよ私たちは、
　　日本中に、もしかすると、世界中にも
　　神様の恵み、そして　お祈りを配りに出かけます。

"白く小さい　バター飴
何も語らない
けれど　存在のすべてで、甘味さをもって
その使命を果たしていく……幸いなバター飴"

⑫ LÀ, NOUS SOMMES BIEN TRAITÉS. ON NOUS ÉTALENT AVEC PRÉCAUTION SUR DE GRANDES CLÉS. OÙ, TOUT EN RÊVANT NOUS REFROIDISSONS BÉATEMENT. APRÈS TOUT CELA, ON NOUS ENTASSE DANS DE GRANDES CAISSES.

⑬ ON ROULE LES GROSSES CAISSES DANS LA CHAMBRE DE L'AMBALLAGE, ON NOUS MET DANS UNE GRANDE-GRANDE MACHINE QUI NOUS FILTRE ENCORE ET NOUS PÈSE.

⑭ ON NOUS ENFILE DANS LES SACS ET LA ENCORE ON NOUS PASSE EN REVUE.

⑮ ON RETIRE CEUX QUI ONT UNE MAUVAISE FORME. L'ON VÉRIFIE LE POIDS.

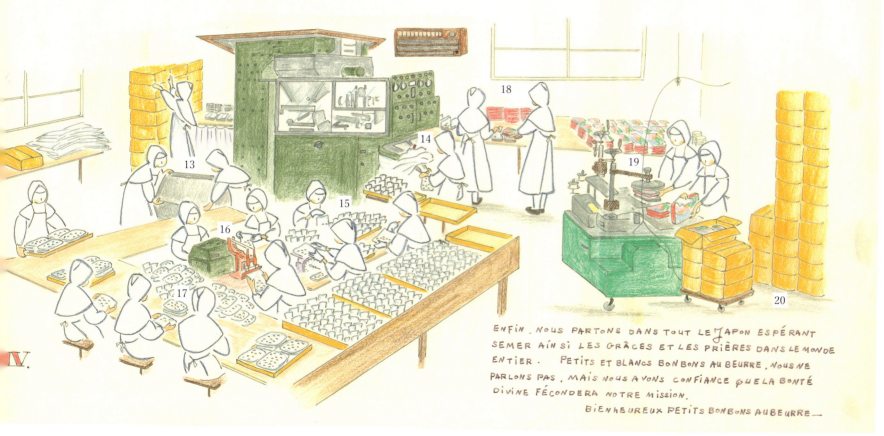

神の子らのよろこび

シサツ　ノ　イッタン

ウミ　ノ　カナタ　ノ　オクニ　カラ
ジョーイシュチョー*　ノ　シサツ　ホーモン
子タチ　ノ　セイカツ　ミナ　ミン　ト
ハタケ　ノ　スミマデ　ゴドーコー

ムギワラボーシ　ニ　ブルース*　ノ
カタイジョ　ジョシュージョ　ネーサン　イモート
シゴト　ノ　テ　ヤスメ　父　カコミ
メグミ　ノ　コトバニ　ミミ　カタムケル

ママノ　アイニ　ツツマレタ　チャイロ　ノ　ムスメ　タチ

ビョーシツ

ショクドーガカリ　サヤマメノスジトリ　オモチマルメ　ママサマヘオテガミハコビ　オハナ　オチャ

ミカエルサン　フクカントクサン　ウンベリナサン　ウマヤサン

エレナサン

パンヤサン　エロニマサン　クロチルダサン

タンポノカカリ　オセンタク

ヒツジヤサン

チーズヤサン

アメヤサン

ニワヤサン

モンバンサン

ウシヤサン

ノビシヤ*

アイ　ニ　アイ　デ　オコタエ　シタイ　コドモ　デス

ヤサイバタケ

スギノ　ハヤシノ　スグワキノ
ヤサイバタケ　デ　クスリカケ
ワカメ　ノ　ノボル　ハカゲ　ニワ
アオイ　キューリ　ガ　ブラサガル

ジキュージソク　デ　サイショク　ノ
トラピスチヌ　ノ　ショクタク　ニ
キューリ　ダイコン　マメ　カボチャ
アカイ　トマト　モ　オテツクリ

台所

芋むき　お菜(ナ)切り　大根きり
野菜の仕度は　電気の役目
大人数の　家族の上に
飛び入りお客と　病人で
コックさんたち　一苦労

祈りと仕事の　修道の日を
元気に進ます　大秘訣
粗末なものでも　栄養多い
口にあうもの　あげたいと
コックさんたち　大苦心

冬ごもり

深雪のつつむ　修院に
冬の仕事も　忙しい

ここを訪ねる　皆さんが
バザーの小さい　土産の中に
天の恵みを　もち帰るよう
一ハリ　一筆　一よりも
祈りをこめて　いたします

かべかけのすり絵

羊毛つむぎ

コンタツ＊作り

お年寄りの修道女

私は百までゆきますと
杖をたよりに　おみどうえ
死ぬ迄　聖務に忠実に

もっと元気な　オバーさま
トマト作りが　大得意
重い仕事は　出来ずとも
何かお役に立ちたいと
せっせと　車に糸かける

苦難の御主の御きずを
己が体に　にないつつ
あく迄ささげる修道女

九十ちかい　オバーチャン
囲いの門の番にゆき
お花をそだてて　日を過す

フランソワザヴィエ様

セシリア様

レオニ様

ウンベリナ様

ザベリナ様　　アグネス様

お年寄りの修道女

百才までゆきます と 私をたよりに おみどうえ
死ぬ迄 聖務に忠実に
もっと元気で オバーさま
トマト作りが大得意
重い仕事は出来ずとも
何か お役に立ちたいと
せっせと 車に糸かける

フランソワ ナゼェール

セシリアさま

ウンベリナさま

レオニさま

苦難の聖主の みちきブを
己が体に にないつ
あく迄 さゝげる修道女
九十才も オバーチャン
囲いの門の番にゆき
お花をそだて、日を過す

天使園 トラピスチヌ

ザベリナさま

アグネスさま

1961.

ルルド* 墓地への道

幼い木を道に植えたころ。1966年かく。

ルルド

み母なつかし　ルルドの岩穴に　清きみ姿　現されてより
早や　百数年　日はたちぬ　遠きフランスの山奥の
ルルドかたどる　この洞穴に　毎日もうでる修道女

白樺　紅葉　桜藤　色も美わしき　天然かこむ
なつかし　み母　マリア様　拙き身なれど　この私を
死ぬまで　ここに守りませ　と　祈りをこめる　修道女

ルルド

み母をつかし ルルドの岩穴に
清きみ姿 現われてより
早や 百数年 日はたちぬ
遠き フランスの 山奥の
ルルド かたどる この洞穴に
毎日 もうでる 修道女

白樺 紅葉 櫻藤
色も 美わしく 天然かこむ
なつかしみ母 マリア様
拙き身なれど この私を
死ぬまで ここに守りませと
祈りをこめる 修道女

天使園

墓地

静かな墓地で　十字架上の
聖主キリスト　仰ぐとき
とわの思いと　世の救い
心に迫り　身にしみる

雪道

北海道の　冬の雪
防寒帽に　武装して
ストーブたきの　のこ屑を
遠くの小屋に　とりにゆく
ま白き雪は　み母マリアの
きよき　み心　おもわせる

雪　道

北海道の冬の雪
防寒帽に 武装し
ストーブたきの のこ屑を
遠くの小屋に とりにゆく
ま白き雪日 み母マリアの
きよき み心 おもわせる

天使園

＊註釈

P6

シトー会
カトリック教会最古の修道会であるベネディクト会を母体とする組織で、フランスのシトー修道院がルーツ。のちにフランスのトラップ修道院で修道規律の改革が起きたとき、厳しい規律に従うシトー会のグループを修道院の場所の名を取ってトラピスト（女子はトラピスチヌ）と呼ぶようになった。改革や分裂、合同を経て1892年に「厳律シトー修道会」の名称が生まれる。

湯の川
トラピスチヌ修道院がある北海道函館市湯川町のこと。湯の川温泉が有名で、地名の由来はアイヌ語の「ユ（湯）＋ペツ（川）」からきていると言われている。

P8

カタイシュージョ
この絵が描かれた1960年代当時は、修道女には二つの区分けがあった。カタイシュージョ＝歌隊修女は、1日に約7時間以上聖堂の「歌隊所」と呼ばれる神に祈りを捧げる場所で、神の業と言われる聖務日課（次項参照）を歌唱し、4〜5時間就業した。ククラという白い修道服を身に着けていた。

セイム
聖務日課。賛歌、詩編（旧約聖書に収められた神への賛美の詩）の唱和、聖書の神の言葉の朗読などから構成される、神への賛美と感謝を表す祈りのこと。

ジョシュージョ
ジョシュージョ＝助修女は、主に労働によって共同体生活を支えながら、神に自身を奉献し、茶色の修道服を身に着けていた。

チンモク
「沈黙の修道者」とも呼ばれるトラピスト・トラピスチヌは、"Taciturnitas"と聖戒律が言う沈黙（心が神で一杯になっているとき、言葉がなくなる状態）を生きるように努める。そのため、会話は必要最小限度に留められ、手真似（テマネ）という世界共通の手話が作られ意思の疎通に使われていた。現在では、終課から翌日の朝の祈りまでの夜間の「大沈黙」の時間にのみ、例外的に使われている。

P11

聖ミカエル像
旧約聖書『ダニエル書』や旧約聖書外典『エノク書』などに名があらわれる天使の像。

ミルカー
牛の乳を絞る搾乳機のこと。

寝藁
家畜などの寝床に敷く藁のこと。

P12

受付
修道女たちは、それぞれに受け持ちの仕事が決まっていた。受付の姉妹とは来客や外部との対応を行う係のこと。

歌隊女
「カタイシュージョ」の項を参照。

P18

団助畑
スケッチが描かれた1960年代は畑の数も多かったので、それぞれの畑に名前をつけていた。「団助畑」はその中のひとつで従業員のあだ名からとられたもの。他に「長靴」「浜の畑」「キツネの団地」などの名がついた畑があった。

P24

エブリ
漢字表記は「朳／柄振」。長い柄の先に横板のついたくわのような形で、土をならしたり、穀物の実をかき集めたりするのに用いる農具。

P26

助修道女
「ジョシュージョ」の項を参照。

P28

祈りをつまぐり
聖母マリアへの祈りを唱える際に用いるロザリオという数珠状の用具があり、その数珠を爪先または指先で繰ること。

P30

ビートの補植
ビート（甜菜）は筒状の紙ポットに入った苗を温室で育て、大きくなったところで道具を用いて畑に植える。その際、道具を用いて植えにくい箇所には手で苗を植えていた。

Sr. ルドガルタとSr. テオファナ
Sr＝sœur（スール）。トラピスチヌ修道院はフランス系なので、互いのことをシスターではなく「スール」というフランス語で呼ぶ。

P34

デントコン
デントコーン。トウモロコシのなかで馬歯種と呼ばれる品種群。動物の飼料となる。

マスール セリナ
マスール＝ma sœur は「私の姉妹」の意。

ママサマ
ここでは修道院長のことを親しみをこめて「ママサマ」と書いている。

P36

フォーク
長い柄と、長くて広がった歯を持ったヨーロッパ起源の農具。刈り取った麦や干草、葉など柔らかいものを持ち上げたり、投げたりすることに使われる。

P40

臥牛山
函館市の西端にある函館山（標高334m）の別名。牛が寝そべっているような外観に由来する。

アンゼラス
アンジェラス。カトリック教会の「お告げの祈り」と呼ばれるもので、聖母マリアへの天使のキリスト受胎告知を祝して感謝する1日3回の祈りのこと。またこの時刻を知らせる合図の鐘。

P44

燕麦

イネ科カラスムギ属の穀物。英語名のOatから、オート麦、オーツ麦、オートとも呼ばれる。燕麦の種子は食用あるいは飼料として利用され、藁は、飼料として用いられる。

囲外

修道院の敷地を囲う塀の外側のこと。禁域とも教皇禁域とも呼ばれる。

P56

トニカ

くるぶし丈のゆったりしたローブ状の修道服。シトー会では色は白で、その上に黒いスカプラリオという肩からかける布をつける。

P70

枢機卿

カトリック教会においてローマ教皇に次ぐ高位聖職者。教皇の最高顧問として補佐に当たる。

P72

聖心像

イエス・キリストの人類に対する愛の象徴である心臓に対する崇敬を示す像のこと。

P76

白いベールの修練女

修道生活を希望する者が修道生活に入る際に、その準備として、修道会の固有の養成を受ける期間を修練期という。修練者は白いベールをつける。修練期を終えると初誓願（シトー会の誓願は、定住、回心の生活／Conversationem-morum、従順の3つ）をたてることが許される。原則として3年後に盛式誓願を宣立し、正式に修道会の一員として受け入れられ、黒いベールをつける。

P78

救霊

人類の救いのこと。

カリス

キリスト教の儀式である聖餐に用いられる杯。

御威稜

神聖であること、清められていること。

P82

一時課

古代ローマの時間の区分に従って、1日を8つの時間に分け、1日を聖化し神に捧げるためにその時間時間に祈る聖務を「時課」という。一時課は、この絵が描かれた当時は午前5時20分に行われていた。

合羽

歌隊修女の修練女と有期誓願女、そして助修女が身につける毛織の修道服のこと。歌隊修女は白、助修女は茶色。

P84

終課

1日の終り、眠る前の祈りのこと。この絵が描かれた当時は午後6時10分に行われていた。

聖木曜日

イエスの復活を祝う復活祭前の木曜日のこと。イエス・キリストと使途たちの最後の晩餐の日を記念する。その日にイエスが弟子たちの足を洗ったというエピソードから「洗足の木曜日」ともいう。

P86

サルベレジナ

1日の終り、終課の最後に歌われる、聖母を讃え、感謝を込めて歌う歌（聖母賛歌）のこと。シトー会独特のメロディで歌われる。

P88

ナザレトの家

イスラエル北部、ナザレトにあったイエス・キリストの生家、聖家族の家。

P99

NET

袋や緩衝材などを除いた、正味容量のこと。

P104

ジョーイシュチョー

ここでは、フランスのシトー会本部から視察にやってきた上位首長の意。

ブルース

修道女が身につけていた青いスカーフのこと。

P106

ノビシヤ

修練女の生活区域のこと。修練女は養成期間中、修道院の一角にある専用区域で講義を受けたり仕事をしたりする。原則として講義を受け持つ姉妹や修道院長以外は立ち入ることができない。また、修練室にいる修練女たちをノヴィス（novice）と呼ぶ。

P112

コンタツ

キリシタン用語でロザリオのこと。

P116

ルルド

ルルドは、フランスとスペインの国境になっているピレネー山脈のふもとの小さな村。聖母マリアが出現した場所から泉が湧き出し、カトリックの巡礼地となっている。

スケッチの始まり

　清楚な品の良さと愛らしさを醸し出しているスケッチを一枚一枚眺めていると、「このスケッチは修道院の生活の中でどのようにして生まれたのかしら？」という興味がわいてきます。その質問を胸に、丘陵の木々の葉も落ちて、ひんやりとした透明な空気が漂う修道院をお訪ねしました。

「これらのスケッチは、個人が描いたものではなく、この函館トラピスチヌ修道院という共同体のみなでつくりあげてきたものなのです」と修道院長様は前置きをされたうえで、「今から50年ほど前、当時の修道院長を務めていたのはフランス人でした。院長の修道名の祝日（筆者註・修道名は聖人たちの名前からつけられることが多く、聖人を讃える祝日がそれぞれ決まっています。その日は共同体でお祝いをし、修道生活における誕生日のような位置づけだそうです）には、自分たちのできることで院長に感謝を表しました。歌を歌ったり、踊りを踊ったり、みなで劇をしたり、共同体全体でお祝いをしたのです。それは一つの楽しみでもありました。絵が得意な姉妹たちはそれぞれに絵を描いて、院長に差し上げたのです。それらの絵のコレクションが、このスケッチ集の始まりでもあるのです」と語ってくださいました。

　このスケッチ集に収められた絵には、当時の修道院の情景がやわらかく写し取られています。当時をご存じの姉妹の方々にもお話をお聞きすることができました。
「50年前もいまも、私たちの生活の中心は変わることはありません。すべてを神に捧げ、祈りと労働の中に生きています。ただ、労働の内容は時代とともに変化してきました。たとえば、当時は何十頭も牛を飼っていました。牛は生き物ですから三度の食事の世話をしなくてはならず、お休みの日だからといって休むわけにはいきません。自由時間もほとんどないほど忙し

かった中で、みなで協力して時間を都合しながら、このスケッチは描かれたものなのです」

　この修道院で命を全うした姉妹たちが眠る墓地は、春には星の形をした花が一面に花開き、黄色く染まるそうです。私はその墓地に目を閉じて立ってみました。広大な北の大地に咲く花々の風景を思い浮かべながら、修道院ができたばかりの厳しい時代に、若くしてなくなられた姉妹のことを思い、お祈りをしたのです。そこには、120年間変わらぬ営みを続けてきた時の流れがたゆたっているように感じられました。

柊こずえ（企画・編集者）

幸せの秘訣

　私が初めてトラピスチヌ修道院を訪ねたのは、今から60年以上も前のこと。祖父の法事でその頃住んでいた盛岡から釧路へ行き、その帰りに、函館の親戚を訪ね、トラピスチヌに連れて行ってもらったのです。そこでは、胡桃の殻を使った針刺しやかわいらしいロザリオなどを売っていて、小学生の私はウキウキするようでした。たしか、その一角の小窓から遥かに下の方に、聖堂を少しだけ見ることができたような気がします。
　そして今、こうして、天使園をお訪ねしたり、その生活が美しい本になる様子を見届けたりする幸せを頂けるとは、人生とは本当に不思議に満ちていると思います。2013年に亡くなった夫が哲学者でしたので、そのお供で、その数年前に修道院をお訪ねし、出来たばかりの客室に特別に泊めていただき、毎朝、長い廊下をわたって、ミサにも与ることが出来たのです。それは至福の数日間でした。あのとき聞いた清らかな聖歌は、もっとも美しい祈りでした。たくさんの修道女の方たちが歌っておられるのに、それが見事に一つの声に調和して、月並みなようだけれど、天使の歌声でした。
　この本の原画になった美しい絵の数々を見せていただいたのも、その時のことで、呆然とするほどの感激だったのです。どうにかして本にしたいと思う原画に出会ったのは、ずいぶん久しぶりのことでした。その頃、私は、沈みそうな出版社の舵取りをしていて、この美しい絵の数々を本にするためだけにでも、なんとか会社を立て直し、再起したいとさえ思っていました。院長さまにお願いし、原画をお借りして、あれこれ考えているときの幸せな気持ちは忘れられません。それでもあまり長くなってはいけないと思い、結局は原画をお返しし、まるでそれをもって出版社を閉じる決心がようやくついたと言ってもよいようでした。
　いま、こうして美しい本になったことを心から嬉しく有難く思います。修道院というところは、「祈り、働け」という厳しい生活だと思うのですが、シスターたちの底抜けに明るい様子

は、見るものを心から幸せにします。その様子が余すところなく現れているのが、この本です。

　そして、私自身、子どもたちがまだ6歳と8歳だった30年前に、最初の夫が突然死し、呆然と悲しみの中に沈んで、苦しく、自分では祈ることも出来ない時期がありました。でも、そのとき、よその観想修道院に入っている友人から手紙をもらい、修道院のみなさんが祈っていて下さることに気がついたのです。なんと嬉しい驚きだったでしょうか。私たちが気がつこうが気がつくまいが、いつもみんなのために祈っていて下さる方たちが、いろんなところの修道院におられる。私たちにとって、こんな幸せはない。この方たちは、生活の全てを祈りと共に行っておられるのだと今更のように思いました。きっと大変なこともお有りだとは思いますが、本当に明るく、軽やかに、さわやかに生活しておられる様子は、そのまま天国のようです。こういう方たちがおられるということが、私たちを幸せにし、励まし、力づけて下さる、と私は思います。これこそ、キリストの花嫁と言われる姉妹たちの在りようでしょう。

　若い時に、函館の親戚を訪ねての行き帰りに青函連絡船から何度も見た函館山の景色が懐かしく思われます。この絵の中にもその風景を見て、とても嬉しく思いました。

　この美しく、温かく、希望に満ちた本が、たくさんの人たちを喜ばせ、幸せで一杯にしてくれるに違いないと信じています。修道院ではなく、普通の社会で生活をしている私たちも、少しでも日々の自分の生活を祈りながら行うことが出来るようにと願います。それが幸せの秘訣のような気がするからです。

末盛千枝子（編集者、3.11絵本プロジェクトいわて代表）

天使の聖母 トラピスチヌ修道院（天使園）インフォメーション

歴史

トラピスチヌ修道院は厳律シトー修道会に所属し、1898年（明治31）にフランスからやってきた8人の修道女によって遠くに見える函館山とほぼ平行する丘陵に設立されました。翌年5月からは入会者の受け入れが始まりましたが、日用品にも食べ物にも事欠く厳しい生活に堅忍できる者はまれだったといいます。その後、二度の火災に見舞われながらも、少しずつ共同体のメンバーは増えてゆき、「祈り、働け」の日々を送ってきました。1962年（昭和37）には、カトリック教会でも現代世界へ適応する動きが見られ、天使園の日課表も変更されました。歌隊修女と助修女という区分けはなくなり、課業や服装などもひとつに統合されました。他方で、それまでの自給自足的な生活はだんだんと困難になり、姉妹たちの仕事は農作や酪農からマダレナなどの菓子製造や工芸品の制作が主になりました。現在は、西宮、伊万里、那須、大分、そして韓国に厳律シトー修道会の女子修道院があります。

所在地

〒042-0914 北海道函館市上湯川町346
電話 0138-57-2839

開門時間

夏期（4〜10月）8時〜17時
冬期（11〜3月）8時〜16時30分

閉門日

12月30日〜1月2日

天使園へのアクセス

①函館市街から
・五稜郭タワー・トラピスチヌシャトルバス（冬期はダイヤ変更）
1日約10往復
函館駅前〜トラピスチヌ前　約35分
バス停「トラピスチヌ前」下車すぐ
・路線バス
59系統 1日約15往復
函館駅前〜トラピスチヌ入口　約55分
10系統 1日約12往復
函館駅前〜トラピスチヌ入口　約35分
いずれもバス停「トラピスチヌ入口」下車徒歩10分

②函館空港から
・タクシーで約10分
・路線バス
函館バス・とびっこ（96系統）〜湯倉神社前…乗り換え…59系統など〜トラピスチヌ入口
バス停「トラピスチヌ入口」下車徒歩10分

※最新のバスの運行状況などは事前に確認をお願いいたします。

天使園
「祈り、働け」の日々

2016年5月26日　第1刷発行

著者　天使の聖母 トラピスチヌ修道院

企画　柊こずえ

装幀　葛西薫

本文DTP　コトモモ社

制作　株式会社トライ　http://www.try-sky.com/

発行所　株式会社亜紀書房
〒101-0051　東京都千代田区神田神保町1-32
TEL　03-5280-0261（代表）　03-5280-0269（編集）
http://www.akishobo.com/
振替　00100-9-144037

印刷・製本　株式会社アイワード

©The Trappistine Monastery, 2016 Printed in Japan
ISBN978-4-7505-1471-0　C0095

本書の内容の一部あるいはすべてを無断で複写・複製・転載することを禁じます。
乱丁・落丁本はお取り替えいたします。